AF259578

DÉPÔT LÉGAL
2213

CHANSONS SÉRIEUSES

PAR

FERDINAND VICTOR

BIBLIOTHÈQUE IMPÉRIALE

PARIS

DE SOYE ET BOUCHET, IMPRIMEURS

2, PLACE DU PANTHÉON.

1860

LE PROLÉTAIRE

Air : *Ce magistrat irréprochable.*

Un homme songeant à ses peines
Longeait les maisons d'un faubourg,
Ses épaules herculéennes
Semblaient porter un poids trop lourd ;
La pluie, insipide en automne,
Glaçait le sang du malheureux ;
Il n'appartenait à personne :
Ce n'était qu'un nécessiteux.

La vérité, c'est le dimanche
Assaisonné d'un peu de vin,
Quand on a du pain sur la planche,
Un sein à presser sur son sein ;
Espérance, bon prolétaire,
Le temps qui mûrit les désirs
T'assurera le nécessaire,
T'accordera quelques plaisirs.

Chacun a droit à la pitance,
Aux dons qui parfument les pleurs ;
Attentif à chaque souffrance
Dieu fleurit le champ des douleurs ;
Se faire une place trop belle
Dans le patrimoine de tous,
C'est rogner la moitié de celle
Qui revient à chacun de nous.

Les humiliés, qui pâtissent,
Ont un cœur, un sang aussi purs
Que les glorieux, qui jouissent
D'être à leur égard aussi durs ;
La condition misérable
De ceux qui n'ont pas le dessus,
Continue, au profit du diable,
Le sacrifice de Jésus.

Le parti pris de la misère
Est une horrible impiété ;
La sollicitude vulgaire
Entretient la mendicité :

Indigence, au hideux costume,
Au front bas, au ton patelin,
Qui s'étudie et s'accoutume
A ramper, en disant : J'ai faim.

Dédaigner la classe ouvrière,
C'est indigner le créateur
Qui permet à la fourmillière
De s'abriter sous une fleur ;
Les malheureux qui fertilisent
Autour du fils de l'Eternel,
Valent bien ceux qui paralysent
Son patronage universel.

LA NUIT

Air : *Patrie, honneur, etc.*

A l'Occident s'abîme le soleil,
Rien n'est si beau que la voûte suprême ;
La fin du jour présage un doux sommeil,
Le monde semble amoureux de lui-même :
Belle Nature excuse mon émoi ;
L'homme de rien ne possède que toi.

On ne voit plus flamboyer les côteaux,
Le paysan a gagné sa demeure,
Dans les vallons reposent les troupeaux,
C'est le moment de la brise qui pleure :
Belle Nature excuse mon émoi ;
L'homme de rien ne possède que toi.

Les peupliers terrassent les sapins,
La nuit se livre à ses jeux fantastiques,
Dans les fourrés se pâment les Sylvains,
Les étangs ont des yeux mélancoliques :
Belle Nature excuse mon émoi,
L'homme de rien ne possède que toi.

Des inconnus touchent au firmament,
A tous les vents voltigent les Chimères,
La Solitude éprouve son amant,
La Rêverie affronte les mystères.
Belle Nature excuse mon émoi,
L'homme de rien ne possède que toi.

Mille flambeaux s'allument dans les cieux,
On se croirait dans une autre existence ;
La Nuit n'a plus rien de malicieux,
Les immortels habitent le silence :
Belle Nature excuse mon émoi,
L'homme de rien ne possède que toi.

La lune trace un lumineux sillon,
A l'Orient la terre est entraînée,
Elle commence à changer d'horizon ;
La fin du monde est encore ajournée.
Belle Nature excuse mon émoi ;
L'homme de rien ne possède que toi.

FRANCE ET ANGLETERRE

CHANSON DÉJA PARUE.

Air : *Salut, trône d'airain.*

France, ma lyre humanitaire
Obéit au maître divin,
En s'adressant à l'Angleteterre,
Sans arrogance et sans dédain;
Que cette sommation sainte
Arrive au-delà du détroit,
Qu'elle revienne, c'est son droit,
Se répandre dans ton enceinte:
Citoyens généreux, unissons nos destins,
Pour le salut du monde et l'honneur des humains.

Anglais, ne parlez plus de haines,
De ressentiments naturels,
Le monde y perdrait ses deux reines,
L'intelligence ses autels.
La Liberté voilant ses charmes,
Fuirait un fatal univers,
Où la vertu porte des fers,
Où l'Espérance est dans les larmes :
Citoyens généreux, unissons nos destins,
Pour le salut du monde et l'honneur des humains.

De tous côtés, des patriotes,
A vos exemples élevés,
Implorent contre leurs despotes
Des secours que vous leur devez ;

Sauvez-les, prouvez vos mérites,
Les enfants de vos pauvres sœurs
Demandent des libérateurs
Et non des larmes hypocrites :
Citoyens généreux, unissons nos destins,
Pour le salut du monde et l'honneur des humains.

Imposons des lois libérales
Aux gouvernements oppresseurs,
Et les préventions natales
Cesseront d'égarer nos cœurs ;
Anglais, pleins de l'amour sublime
Des peuples enfin affranchis,
Tu chériras notre pays,
Nous te donnerons notre estime :
Citoyens généreux, unissons nos destins,
Pour le salut du monde et l'honneur des humains.

France, ta rivale inplacable
Se retranche dans sa fierté,
Tu souris et ta gloire aimable
Désarme son hostilité ;
Plus de victoires désastreuses,
De fratricides sur les mers,
Tous les rivages sont ouverts
A vos flottes majestueuses :
Citoyens généreux, unissons nos destins
Pour le salut du monde et l'honneur des humains.

Un hourra s'élève de l'onde
Gloire aux intrépides marchands,
Qui se sont emparé du monde
Au profit de ses habitants.
Vive l'alliance étrangère
Qui porte bonheur aux Etats ;
Un grand peuple qui tend les bras,
Reçoit les baisers de la terre :
Citoyens généreux, unissons nos destins
Pour le salut du monde et l'honneur des humains.

LA CHATELAINE

Air : *J'étais bon chasseur autrefois.*

Mon suzerain pourquoi gémir,
Disait la jeune châtelaine :

N'as-tu pas mon sein pour dormir,
Mes bras pour te faire une chaîne;
Si ta chute a mis en émoi
Toute la montagne et la plaine,
Vois ma beauté, console-toi,
Je suis plus belle que la reine.

Si ton rival audacieux
Reçoit le prix de la vaillance,
C'est l'étincelle de mes yeux
Qui brillait au bout de sa lance;
Le bouquet qu'il a sur son sein,
Est de moitié dans son aubaine,
Je le possédais ce matin;
Je suis plus belle que la reine.

Si je voulais en Orient
Une cour, un trône splendides,
Je fanatise en souriant
Les barons les plus intrépides;
Tous sur un signe de ma main
Te chasseraient de ce domaine:
Cela peut arriver demain;
Je suis plus belle que la reine.

Le lendemain dans les roseaux
Qui sont au pied de la tourelle,
Un page trouvait les fuseaux
De la châtelaine immortelle.
Par un temps sombre, dans la tour,
On entendait des cris de haine
Entrecoupés du chant d'amour:
Je suis plus belle que la reine.

Depuis ce temps, dans ce castel,
Ensanglanté dans les ténèbres,
On n'entend plus, même à Noël,
Que des baisers, des chants célèbres.
Dans les ménages d'alentour,
Depuis cette histoire germaine,
On entend chanter chaque jour:
Je suis belle que la reine.

LA FRANCE

Air connu.

J'aime la France, et son peuple qui veille
Comme un seul homme autour de son drapeau ;
Sa riche langue, aussi douce à l'oreille,
Qu'un chant de mère au chevet d'un berceau ;
Son territoire où repose Voltaire,
Où les titans de la Convention
Ont décrété le droit égalitaire,
Ont implanté la révolution.

Tout comme une autre, elle a ses jours funestes,
Ses flots de sang qui viennent aux genoux,
Ses lendemains suaves et célestes
Qui feraient croire à des climats trop doux ;
Elle s'endort : et pendant qu'elle rêve
A des hauts faits aussi doux que le temps,
Un insensé lui dérobe son glaive,
Qui se refuse à s'égarer longtemps.

Elle n'est pas moins grande et moins hardie
Que Rome avant ses douloureux destins ;
Sa confiance égale son génie,
Elle se sent nécessaire aux humains ;
Quand elle hésite, on craint sa décadence,
Comme on craindrait la chute du soleil :
Elle est la seule, après la Providence,
Qui se connaisse un ascendant pareil.

Sans doute encore, elle aime à redescendre,
A se revoir au sein de ses rayons ;
Sa lassitude est facile à comprendre
Elle est sujette à tant d'émotions :
On la convie à tout ce qui se passe,
On lui reproche un moment de repos,
Qu'elle consacre à se faire un Parnasse
Environné d'un peuple de héros.

Elle sait bien que les regards du monde
Sont attachés à ses puissants attraits,
Qu'elle peut craindre une ornière profonde
En cessant d'être en avant du progrès :

Qu'on ne doit pas quand on a du prestige,
S'abandonner aux douceurs de son sort,
Et renoncer à rester un prodige
Dont l'auréole intimide la mort.

Vieillis sans crainte, arrive à l'apogée,
France ! foyer des principes ardents ;
Quand tu seras bien autrement âgée,
Tu ne vivras que d'amour et d'encens ;
A moitié route, emplis les temps modernes,
Donne à notre âge un colosse immortel ;
Le monde est grand depuis que tu gouvernes,
Vingt siècles ont élevé ton autel.

CASIMIR DELAVIGNE

Je ne te cherchais pas ; la terre était chagrine,
Je marchais au hasard, soucieux de mes maux,
Un rayon de soleil éclairait ta colline,
J'allais m'y réchauffer au milieu des tombeaux.

J'avais froid ! on a froid lorsque l'on est poëte,
L'air est si souvent sombre et triste par en bas,
On a beau s'élever à se heurter la tête,
On a beau respirer les plus heureux climats.

Favorisé d'en haut, barde mélancolique !
Tu n'avais qu'à chanter pour être glorieux,
Le vent soufflait alors de Rome et de l'Attique,
Le temps alors était digne du temps des Dieux.

Je vénère ta muse elle est vaillante et sainte,
Elle est de tous les temps, de toutes les douleurs,
Elle connaît sa force, elle ignore la crainte,
Elle maudit les fers, elle encense les pleurs.

Arrêté devant toi, je crois à l'existence !
A l'immortalité ! quelques lambeaux de chair,
Entre l'âme et les cieux, n'ont aucune puissance,
Un sourire du ciel en débarrasse l'air.

Telle est votre influence, ô cendres vénérées !
J'avais froid tout à l'heure : il est doux le soleil ;
La tombe est l'aiguillon des âmes désœuvrées :
Que l'avenir est beau dans le champ du sommeil !

LE BONHEUR

Air : *Notre-Dame du Mont-Carmel.*

L'herbe sous la zone torride
Maudit la saison des beaux jours ;
L'aventurier le front humide,
Vers l'incertain poursuit son cours ;
Le laboureur impénétrable,
Fait sourire l'observateur,
Qui croit le monde misérable,
Et se détourne du bonheur.

Cette créature ignorante
Qui borne le monde au hameau,
Est inférieure à la plante
Qui prend l'air au flanc du coteau ;
En butte au soleil, à la pluie,
Un moment détruit sa fraîcheur,
Sans le savoir elle s'ennuie,
Et ne comprend rien au bonheur.

Un vieillard brisé de fatigue
Râle sur un banc de gazon,
Une espèce d'enfant prodigue
Le repousse de sa maison :
Ce vieillard eut l'âme trop belle ;
Cet enfant lassé de splendeur,
Se fera sauter la cervelle,
En s'écriant : Fi du bonheur !

Cette intelligence hardie
Qui descend au fond du savoir,
N'y rencontre qu'hypocondrie,
Extravagance, désespoir.
Grand Dieu ! si chaque chose est vaine,
Quel abominable malheur
Que la création humaine,
Que le fantôme du bonheur.

Sans cet effroyable mystère
Qui nous éloigne de la mort,
J'aurais déjà quitté la terre,
J'aurais influencé le sort.

O morale ! je t'abandonne
Mon intelligence et mon cœur ;
Tu ne désenchantes personne,
Tu promets plus tard le bonheur.

LA GRAND'ROUTE

Air *des comédiens.*

La route est belle et la ville me pèse,
Descends du clou'mon solide rotin ;
En Normandie on doit se pâmer d'aise,
Adieu, Paris : allons, vite en chemin.

Dieu ! que c'est beau les arbres dans les plaines,
On leur dirait volontiers en passant,
Bonjour amis ! Les bêtes par douzaines
Autour de soi, rôdent, c'est ravissant.

Le paysan silencieux qui passe,
Le cantonnier qui ferre le chemin,
Sans s'étonner du point noir dans l'espace,
Qui les cotoie un bâton à la main.

Il est midi ; j'entre dans une église,
Je brûle un cierge à ma pauvre maman,
Qui m'apparaît sur la muraille grise
Comme elle était quand je n'avais qu'un an.

Un chemin creux, une côte rapide ;
Un char à banc criant sur son essieu,
Tel un soldat, un futur invalide,
Revient souvent du baptême du feu.

Salut clochers, coupoles et calvaires,
Actes de foi des temps évanouis ;
Murs glorieux, redoutables repaires,
Que les Anglais n'ont jamais envahis.

Vieil Océan, nous sommes en présence,
Quelle étendue ! on dirait l'infini ;
Vers le rivage une voile s'avance,
Sa sauvegarde est un rameau béni.

Vive la Seine ! elle abreuve le monde,
Depuis longtemps je la suis pas à pas,

On s'entretient de sa couche féconde
Dans des pays qu'elle ne connaît pas.

Un kilomètre ! esclavage insipide !
On ne peut pas oublier le réel,
Cela dépare une route splendide,
Si l'on allait en mettre dans le ciel !

Je te reviens, Paris ; douleur amère,
Les longs trajets ne me sont pas permis ;
Si je pouvais te changer en chaumière,
Jusqu'à la mort, nous serions bons amis.

MÉLANCOLIE

Elle avait une voix souffrante,
Une romanesque pâleur,
Une attitude de bacchante :
Par instant sommeillait son cœur ;
Elle me manque, où donc est-elle ?
Incertitude sur son sort ;
Pour la retrouver infidèle
J'aime mieux suposer sa mort.

O ma crise passionnée ;
Ma maîtresse de dix-sept ans,
Dont la dernière fleur fanée
Me tient lieu du dernier printemps.
O mes folles déconvenues ;
Mes enthousiasmes naissants,
Que je retrouve dans les nues
Lorsque j'interroge le temps.

Elle raillait par jalousie,
Avec un petit air moqueur,
Tous les trésors de poésie
Que je possédais dans le cœur ;
Elle m'a laissé nu, sans honte,
Avec des rides sur la chair,
Ne comptant pas ce qui se compte,
Le souvenir, qui vaut si cher.

O mes beaux jours, mon innocence,
Mes grands rêves silencieux!
L'âme s'évapore en souffrance
Pour être heureuse dans les cieux.
O mes brillantes étincelles,
Que l'on regardait de travers,
Qand je les comparais à celles
Que les cieux sèment dans les airs.

Que ma maîtresse était jolie
Au crépuscule tous les soirs,
Que ma tête était embellie
A l'ombre de ses cheveux noirs.
Quel abîme que la pensée
A l'heure où décline le jour
Quand l'existence divorcée
Regrette son volage amour.

LE LACHE

Air : *Vive Paris !*

Oú donc est-il ! quand Rome capitule,
Quand les palais sont en combustion,
Quand Alaric du haut du Janicule
Etend sur nous sa griffe de lion ;
Quand le dernier vestige des vestales
Pour désarmer les divines rigueurs
Pour conserver les flammes virginales
S'entredéchire en fuyant les vainqueurs.

Il est sans doute, à Pouzzol, à Ravenne,
A disserter de coursiers et de chars,
Quand le fléau de la mort se promène
Dans les maisons, les cirques, les remparts ;
Quand chaque augure, annonçant la victoire,
Jonche sanglant le pied du saint autel,
Quand un barbare au temple de la gloire
Pose son glaive et devient immortel.

Que fait-il donc, quand il s'agit du monde,
Quand il s'agit, des temps !... du nom romain !
Quand le Torrent fauve qui nous inonde
Eteint les feux des forges de Vulcain ;

Quand chaque ancien brandissant ses entrailles,
Somme les Dieux, comme au beau temps d'Hector,
De les venger du destin des batailles,
De les coucher sur un bouclier d'or ?

Ah ! s'il voyait, sous les pieds qui les broient,
S'amonceler les femmes, les enfants,
Il maudirait les amis qui le choient,
Il reviendrait peut-être encore à temps ;
Son bras nerveux, sa gigantesqne taille,
Arrêteraient les grands écroulements,
Et son épaule, effroi de la muraille,
Redresserait choses et monuments.

Vaine espérance ! il boit à la déesse
Qui brille au fond des coupes de cristal,
Tandis qu'un Goth à la crinière épaisse
Cuve du sang sur un sein virginal ;
Le misérable ! il fait une élégie
Sur le malheur d'un flacon de nectar,
Pendant qu'un chien sans généalogie
Ronge en grognant le crâne d'un César.

C'en est donc fait, il faut succomber, Rome !
L'empire touche à ses derniers moments,
Pour te sauver, tu comptais sur un homme,
Reçois le prix de tes abaissements.
Mais toi, qui prends la honte pour maîtresse,
Jonche ton lit des fleurs de l'univers !
Pour te punir, arrive la vieillesse !
Quand on est lâche on a de longs hivers.

LE FESTIN

Air :

Chez les anciens, quand l'âme tendre
Dans le nectar agonisait,
D'un mort on apportait la cendre,
Et le poëte improvisait :
Loin ! disait-il avec emphase,
Dieux des frivoles passions,
Laissez le champ libre à l'extase :
Pour un moment trève aux libations.

Sibarites, les femmes folles
Ont des accents mélodieux,
Mais les regrets ont des paroles
Qui chantent dans les pleurs des yeux :
Que lour éloquence environne
Glycère de chastes rayons,
Elle ne trahira personne :
Pour un moment, trêve aux libations.

Dans la sphère des harmonies
Chaque atome a son luth vermeil,
Les cieux n'ont pas de gémonies,
Les sylphes d'instants sans soleil.
Entendez-vous l'ombre en délire
Qui chante dans les tourbillons ;
Platon rêve, Timon soupire :
Pour un moment, trêve aux libations.

Heureux celui dont l'âme arrose,
Des cendres sans baisser les yeux,
Le laurier, le myrthe et la rose
Embaument ses festins joyeux.
Qui sait si l'ami que je pleure,
Dans les suprêmes régions
Ne nous verra pas tout à l'heure :
Pour un moment, trêve aux libations.

Heureux l'Athénien qui sombre
Dans un adorable milieu,
Vous croyez évoquer une ombre
Et vous effleurez presque un dieu ;
En chantant videz les amphores,
Entre deux émanations,
Il est passé dans les aurores,
Il applaudit à vos libations.

LE RÈGNE DU PEUPLE

CHANSON DÉJA PARUE

Air : *Des trois couleurs.*

Réjouis-toi de tes grandeurs prochaines,
Peuple, tes maux ont touché l'Eternel ;

Le sens commun règle les lois humaines,
Paix et vertu, progrès universel !
Des cris d'espoir s'élèvent des abîmes,
Le genre humain rougit de ses erreurs,
Le monde entier se lave de ses crimes :
Peuple, ton règne est la fin de tes pleurs.

Fraternité, sublime et chaste flamme,
Pénètre-nous, proscris nos désaccords;
Glorifier la noblesse de l'âme,
C'est augmenter la puissance du corps.
Sous son beau jour envisage la terre ;
Prends ton parti du tribut des douleurs ;
Ne sens-tu pas battre ton cœur de père !
Peuple, ton règne est la fin de tes pleurs.

Rougir de soi, c'est s'outrager soi-même ;
Tout noble cœur a de nobles échos,
Pour être heureux ayons le diadême,
Créons le bien, nous qui créons nos maux :
Le ciel est bon pour nous quand nous le sommes,
Chacun de nous peut recevoir des fleurs ;
Le plus utile est le plus grand des hommes :
Peuple, ton règne est la fin de tes pleurs.

Vois Saint-Denis, ses tombeaux sans poussière ;
Toi seul en paix dors sous le sol natal.
Un dieu meilleur, un culte plus sincère,
Des temps nouveaux soutiennent le moral.
Sois vertueux, tu seras invincible,
Et l'univers, après tant de malheurs,
Ne fera plus qu'un peuple indivisible :
Peuple, ton règne est la fin de tes pleurs.

La Liberté nous a fait nous connaître,
Le siècle marche et tu grandis toujours ;
La Raison veille au progrès du bien-être,
Comme une mère aux fruits de ses amours.
En s'éclairant s'affranchit, l'indigence ;
Pour te guider vers de nouveaux bonheurs,
Dieu sur ta route a mis l'intelligence :
Peuple, ton règne est la fin de tes pleurs.

Paris. De Soye et Bouchet, imprimeurs, 2, place du Panthéon.

www.ingramcontent.com/pod-product-compliance
Lightning Source LLC
Chambersburg PA
CBHW051320050726

47595CB00008B/3633